Renate Schinze

Erkenntnis

Auf der Suche nach Wirklichkeit und Wahrheit

BoD™
BOOKS on DEMAND

Ich danke Paul Imhof, der mich, trotz meiner Bedenken, mit Uschl Kessel zusammengebracht hat. Ohne sie und ihren immer währenden Optimismus, hätte ich es nie geschafft, diesen Beitrag zu verfassen.

Renate Schinze

Erkenntnis

Auf der Suche nach Wirklichkeit und Wahrheit

Bibliografische Information der Deutschen Nationalbibliothek:
Die Deutsche Nationalbibliothek verzeichnet diese Publikation in der Deutschen Nationalbib-
liografie; detaillierte bibliografische Daten sind im Internet über http://dnb.dnb.de abrufbar.

© 2019 Renate Schinze, Willingen

Illustration/Titelbild: Ursula Kessel

Herstellung und Verlag: BoD – Books on Demand, Norderstedt

*ISBN: **978-3-748-1918-10***

Inhalt

Erkenntnis

Auf der Suche nach Wirklichkeit und Wahrheit

Licht

Frühling auf dem Balkon. Es ist Mai in meiner kalten Heimat. Ich sitze auf dem Balkon – Sonne – Licht - Wärme – Energie – Meditation.

- Licht, das du so eine riesige Rolle spielst.
- Licht in der Physik; Welle *und* Korpuskel, sie sind nicht zwei, sie sind Licht.
- Licht in der Religion: Und Gott sprach: Es werde Licht. Und es ward Licht.[1]
- Licht in der Biologie; Ursache allen Wachstums
- Licht in der Meditation: Träger aller Informationen?
- Licht der Wirklichkeit
- Licht der Erkenntnis

---

[1] (Die Bibel) 1. Buch Mose, 1,3

Mein Weg der Erkenntnis

Sitzen im Licht

Im Nachhinein stelle ich fest, dass es eine Zeit des Anfangs gegeben hat. Für mich eine Zeit der Katastrophe: Burnout. Raus aus dem Hamsterrad des Lebens. Langeweile als philosophisches Ereignis. Sitzen im Licht. Lange Weile - war dieses philosophische Ereignis die Zeit, die ich auf dem Balkon verbracht habe? Wo ich das Nichts gespürt habe. Wo sich kein Ereignis, kein „Irgendetwas-tun-müssen", mir in den Weg gestellt hat. Nur die Leere – ohne Zeit! Zeit vergeht, auch ohne dass ich etwas Sinnvolles tue. Vergangenheit, Gegenwart, Zukunft. Zeitordnung, doch jetzt geht nur noch Tag um Tag. Tage an denen ich nichts tue oder manchmal wieder mache, was ich will. Nicht bestimmt von äußeren Zwängen. Doch besser geht es mir, wenn ich tue, was gemacht werden muss. Oft fehlt mit der Zugang zu dem, was ich will: ...ABER WAS WILL ICH?! Ich kann es einfach nicht konkret beschreiben, das, was ich will.

Heidegger kennt den Begriff Langeweile. Mit seinem Begriff komme ich zwar nicht zurecht, stimme ihm aber zu, wenn er es „Initiationsereignis der Metaphysik" nennt. Es geht um alles und gleichzeitig um das Nichts. Das Sein als Ganzes, in der Welt, im Kosmos und um die personale Existenz. Ich fühle mich im Nichts, im gleißenden Licht der Sonnenstrahlen und doch anwesend in meiner Welt. Ich erkenne, dass ich noch etwas Anderes bin, in einem anderen Licht. Und irgendwann fange ich neu an.

„Es" hat mich gefunden.

Das, was passiert, ist keine geleitete oder geordnete Meditation. „Es" passiert einfach so. Wollen ist sinnlos.

Ein Beispiel aus dem Alltag, sehr viel später passiert, macht deutlich, was gemeint ist.

Eines Tages kam ich ins Gespräch mit einem Skispringer der Nationalmannschaft. Wir sprachen über das Wollen und das, was er will. Unzweifelhaft ist, dass ein Skispringer große Weiten springen will. Und doch erklärte er mir, dass man gleichzeitig dieses Wollen ausschalten müsse. Er konnte mir nicht erklären, wie das passieren kann. Und dann sagte er etwas für mich ganz Entscheidendes: „Bei meinem ersten Sprung über 200m oder auch allgemein bei weiten Sprüngen habe ich immer das Gefühl: „ES" springt mich. Ein irres Gefühl." Jetzt, ein Jahr später, gehört er zu den fünf besten Springern der Welt. Alle deutschen Skispringer haben gut trainiert. Individuell und trainingsmethodisch exzellent aufgebaut. Begleitet von einem wissenschaftlichen Team. Gefragt danach, warum er in diesem Jahr konstant unter die besten Zehn springt, kam seine ehrliche Antwort: „Ich weiß es nicht!". „Es" ist in starkem Maße eine Erfahrung oder auch eine Erkenntnis, die mit Worten bzw. rational nicht zu erklären ist. Etwas das eintritt.

Genauso wenig wie dieser Skispringer kann ich diesen Zugang zu dem was ich will nicht näher benennen. Aber auch ich würde sagen: „Es" findet mich. Was auch immer das „ES" ist. Eine ungewöhnliche Formulierung, aber aus meiner Erfahrung kann ich weitergeben:

- Mit Einsatz von „Wollen" schaffe ich es nicht.
- Erkenntnisse habe ich immer nur dann, wenn ich das Gefühl habe „leer" zu sein. Diese Leere stellt sich von selbst ein.
- Die Erkenntnisse kommen „blitzartig".
- Ich kann es im gewissen Maße üben, aber nicht willentlich herbeiführen.
- Es funktioniert nur, weil es mehr gibt als nur mich.
- Je öfter ich diese Erfahrung mache, umso leichter kann ich mich in diese Situation versetzen.
- Willentlich und über den Verstand sind ebenfalls keine Optionen
- Willentlich und unwillentlich - zugleich. Immer verbunden durch ein UND

Ich brauche Zeit, damit sich alles zusammenordnet.

Glaube und Realität

Die Frage nach Gott

Ich möchte an dieser Stelle nicht definieren, was ich unter Gott verstehe. Ich stimme Paul Imhof zu, der sagt: „Indem Gott zum Gegenstand von Religion und Wissenschaft gemacht wird, kommt es oft wie nebenbei zu einer Vergegenständlichung. In Kunst und Kultur wird Gott gleichsam zu einer Trophäe, was seinem Wesen als Geist völlig unangemessen ist. Spiritualität tut not."[2] Spiritualität. Mit Spiritualität im religiösen Sinn tut sich mancher schwer. Es braucht Übung, Anleitung und Geduld. Ist man auf dem Weg, sich dem Glauben an Gott zu nähern, so ist dieser Weg meist von Religionen bzw. Konfessionen geprägt. Die großen Glaubensrichtungen geben vor, was von einem Christen, Hinduisten, Moslem oder Juden erwartet wird. Wie sich Menschen zu verhalten haben, auf welchem Wege man zu dem einzig richtigen Gott kommt. Als Kind hinterfragt man nicht, warum man evangelisch ist. Jedoch erinnere ich mich daran, dass die Katholiken in unserer kleinen Gemeinde eine extra Gruppe waren und nicht dazu gehörten. Meist spielten nicht mal die Kinder miteinander, Urteile wurden von den Eltern übernommen!

Wie stark die Rituale der katholischen und evangelischen Kirche voneinander abweichen, habe ich zum ersten Mal erfahren, als nach dem Abitur vier Abiturienten

---

[2] (Imhof, 2014), S.25

tödlich verunglückten. Für mich war es unbegreiflich, dass man trauerte, indem die Gemeinde ständig aufstand, um in nächsten Augenblick wieder niederzuknien. Auch der Trost, dass diese jungen Menschen, deren Leben gerade begonnen hatte, Fahrt aufzunehmen, jetzt an einem besseren Ort seien, nämlich bei Gott, wollte mir ganz und gar nicht einleuchten. Mir fehlten diese Trauer, dieses Innehalten, das Gedenken an diese jungen Menschen und die Ruhe. Zum ersten Mal begegnete ich einer völlig anderen Auffassung, was Glauben an den (katholischen) Gott bedeuten konnte.

Gott auf dem Wege der Religionen zu finden gelingt nicht immer. Doch wie kommt man als erwachsener Mensch zu einer Auffassung, wer oder was Gott ist? Für M.H. Niemz sind Religionen „Wegweiser, die uns auf der Suche nach Wahrheit Orientierungen geben können. Ein anderer Name für Wahrheit ist Gott. Die Wahrheit ist nicht außerhalb, sondern mitten unter uns. Sie lässt sich am besten vom Gipfel eines Berges erfassen, den wir auf verschiedenen Wegen erklimmen können."[3] Die verschiedenen Wege benennt er als „Hinduismus, Buddhismus, Naturwissenschaft, Christentum, Judentum und Islam."[4] Diesen Ansatz fand ich faszinierend. Vor allem, weil er die Naturwissenschaften gleichrangig zu den Religionen stellte. Doch je länger ich dieses Bild der verschiedenen Wege betrachte, umso weniger kann ich dem zustimmen, weil es davon ausgeht, dass die Religionen und die Naturwissenschaften in ihrem Glauben an Gott letztendlich bei demselben Gott ankommen. Doch gerade

---

[3] (Niemz M. , 2015)S.120
[4] ebd, S. 120

dieses Bewusstsein, dass alle Religionen und die Naturwissenschaften ein und denselben Gott meinen, ist ja nun wirklich nicht die Realität. Wenn ein anderer Name für Wahrheit Gott ist und diese Wahrheit für uns sichtbar wird, wenn wir den Gipfel des Berges bestiegen haben, dann ist Wahrheit etwas Irdisches, etwas Greifbares, wissenschaftlich Erklärbares. Hier kommt mir ein Heisenbergs Aussage in den Sinn, dass man etwas in aller Klarheit erkannt haben kann und doch nur in Gleichnissen und Bildern von ihm reden kann? Müssen wir, wenn wir von Gott reden, nicht gerade die Lokalität einer physischen Existenz aufgeben?

Mir stellt sich die Frage: Sind wir so tief im mechanistischen Weltbild bzw. in der klassischen Physik verankert, dass wir unweigerlich versuchen, diesen komplizierten Sachverhalt in einem Bild darzustellen, so wie Niemz, und doch nicht erkennen, dass dadurch, dass wir das tun, der Sachverhalt verfälscht bzw. unstimmig wird, ja sogar vielleicht seine Gültigkeit verliert? Und andererseits: ist es am Ende nicht immer derselbe Gott? *Ein* Gott, der über allem steht? Ein Gott, der nicht auf dem Gipfel eines Berges steht, sondern in einer anderen Wirklichkeit zu finden ist.

Für den Islam gilt der Satz: „Er ist Gott, außer dem es keinen Gott gibt."[5] Und für die Christen gilt das 1. Gebot: „Ich bin der Herr, dein Gott. Du sollst keine anderen Götter neben mir haben."[6]

---

[5] (Koran) Sure 59,22
[6] (Die Bibel) 2. Buch Mose, 20,2

Andererseits: Interessant an diesem Ansatz ist doch, dass Niemz unterschiedliche Wege akzeptiert. Bei mir waren es, für mich nicht überraschend, zwei Wege. Ich habe mich auf den Weg der Erkenntnis und auf den Weg der Liebe gemacht. Das Interessante an beiden Wegen ist, dass ich lange nicht wusste, dass ich mich überhaupt auf den Weg gemacht hatte. Doch beide Wege begannen gleichsam mit einem Wort des Physikers Heisenberg: „Die Quantentheorie ist so ein wunderbares Beispiel dafür, dass man einen Sachverhalt in völliger Klarheit verstanden haben kann und gleichzeitig doch weiß, dass man nur in Bildern und Gleichnissen von ihm reden kann."[7] Genauso ergeht es mir mit meinem Glauben an Gott. Dieser ist etwas, das existiert, das ich fühle, aber kaum will ich Worte dafür finden, erkenne ich, dass ich mit meinen Worten meinen Glauben an Gott nicht erklären kann und mittlerweile auch nicht mehr will.

---

[7] (Heisenberg, Der Teil und das Ganze, 1976) S. 246

Aufgegebene Ziele

Wie das so ist, versucht man im Leben viele Wege oder, wie sich dann herausstellt, auch Irrwege. Ich möchte hier nochmals betonen, dass meine Irrwege für andere durchaus die richtigen Wege sein können.

Fangen wir an mit dem Weg des Wollens. Wenn ich etwas absolut und wirklich will, funktioniert das überhaupt nicht. Ich kann zielstrebig ein Ziel verfolgen, mich dazu weiterbilden, Kontakte knüpfen, finanzielle Möglichkeiten schaffen und doch das Ziel nicht erreichen. Dazu ein kleines Beispiel.

Während meiner letzten Phase im Arbeitsleben hatte ich drei Ziele, die ich gerne verwirklicht hätte. 1. Ziel: Tauchen auf den Malediven, 2. Ziel: Motorradfahren lernen, 3. Besuch meiner Freundin in Neuseeland.

Nicht gerade bescheidene Ziele. Das erste hatte ich schon während eines Urlaubs mit meiner Freundin erledigt, noch während meiner Berufstätigkeit. Beim zweiten Ziel war mir spätestens beim Aufsitzen auf einem Motorrad klar, dass ich diese nun wirklich kleine Maschine, die ich gerne gefahren hätte, nicht würde halten können. Hinzu kam meine Angst: jedes Frühjahr hört man von vielen tödlichen Motorradunfällen. Ich gab auf. Auch das dritte Ziel schien mir in weiter Ferne, da ich zu meinem ältesten Sohn gezogen war, der neben seinem Beruf ein Haus mit Ferienwohnungen zu verwalten hatte. Da schienen meine ständige Anwesenheit unbedingt notwendig und ein siebenwöchiger Aufenthalt in DownUnder unmöglich. Schweren Herzens gab ich vier Jahre nach meinem Eintritt in den Ruhestand auf.

Und dann kam alles anders. Mein Sohn wurde von einem Tag zum anderen arbeitslos. Da ein Rechtsstreit anstand, war ihm das Antreten einer neuen Arbeitsstelle untersagt. Das hatte für mich zur Folge, dass ich von einer Woche zur anderen nur Hin- und Rückflug nach Neuseeland, mit Zwischenstopp in Dubai gebucht habe. Alles andere würde sich ergeben.

Bereits auf der Abholfahrt vom Flughafen Wellington fragte mich Wayne, der Mann meiner Freundin, ob ich Motorrad fahre. Ich verneinte. Noch müde von der langen Anreise und mit Schwierigkeiten, das Neuseeland- Englisch nun erst mal zu verstehen, hatte ich nicht mitbekommen, dass er meinte, ob ich mit ihm als Sozius auf seiner Maschine eine Motorradfahrt über die Südinsel Neuseelands machen würde. Es wurde nach Klärung des Missverständnisses die wundervollste Urlaubsfahrt meines Lebens.

Als ich die Ziele aufgegeben hatte, wurden beide auf wundersame Weise gemeinsam verwirklicht. „Es" findet mich.

Yoga und Kontemplation

Ich habe es wirklich versucht. Doch als Willigis Jäger, der Guru auf dem Benediktushof, uns erklärte, dass nur 3% der Menschen auf diesem Weg erfolgreich sind, habe ich aufgegeben. Und beim Yoga versagt mein Durchhaltevermögen.

Viele finden einen Weg über eine christliche Gemeinschaft und auf diesem Weg über das Beten und über Exerzitien. Ich habe es mit aufrechtem Herzen versucht, es ist mir nicht gelungen.

Philosophische und Quantenphysikalische Ansätze

Auch ein Weg der Erkenntnis

Schon als Jugendliche hat mich der Wechselstrom interessiert. Für mich war seine Kurve ein Abbild des Gemüts eines Menschen. Der eine Mensch lebt eine Kurve mit geringer Amplitude, und sein Leben verläuft ohne großartige Höhen und Tiefen; ich selbst gehöre eher zu den Menschen, die mit großen Ausschlägen nach oben und nach unten zu kämpfen haben. Als die Amplitude, viel später im Leben, mal wieder völlig in den Keller gesackt war, die Zeit also, in der ich ziemlich untätig auf dem Balkon saß, nichts anderem ausgesetzt als der Sonne, die mich beschien, nahm ich dann doch das Buch „Lucy mit c" von M.H. Niemz in die Hand. Am Beginn des Kapitels 5. Indiz: Der Welle-Teilchen-Dualismus steht ein Ausspruch von Werner Heisenberg: „Der erste Trunk aus dem Becher der Naturwissenschaften macht atheistisch, aber auf dem Grund des Bechers wartet Gott."[8] Heisenberg schreibt in seinem Kapitel: Aufbruch in ein neues Land „Wenn man fragt, worin eigentlich die Leistung des Christopher Kolumbus bestanden habe, als er Amerika entdeckte, so wird man antworten müssen, dass es nicht die Idee war, die Kugelgestalt der Erde auszunützen, auf der Westroute nach Indien zu reisen; diese Idee war schon vorher von anderen erwogen worden. Auch nicht die sorgfältige Vorbereitung seiner Expeditionen, die fachmännische Ausrüstung der Schiffe, die auch von anderen hätte geleistet werden

---

[8] (Niemz M. H., 2008), S 81

können. Sondern das Schwerste an dieser Entdeckungsfahrt war sicher der Entschluss, alles bis dahin bekannte Land zu verlassen und soweit nach Westen zu segeln, dass mit den vorhandenen Vorräten eine Umkehr nicht mehr möglich war."[9] Wenn man sich auf einen neuen Weg macht, für mich: auf einen neuen Weg der Erkenntnisgewinnung, dann weiß man meist nicht, wohin der Weg führt, geschweige denn, ob dieser Weg nicht vielleicht in einer Sackgasse endet und man irgendwann erkennt, dass alles Mühen umsonst war. Aber eigentlich ist nicht der Erfolg wichtig, sondern vielmehr die Frage, ob man sich auf dem eingeschlagenen Weg wohl fühlt.

---

[9] (Heisenberg, Der Teil und das Ganze, 1976), S. 88

Wissenschaftliche Aussagen: Philosophie und Physik
Dualität

Wissenschaftliche Erkenntnisse stellen sich oft deshalb nicht ein, weil Wissenschaftler einfach eine falsche Frage gestellt haben. So konnten Nils Bohr und Werner Heisenberg „nicht verstehen, wie die Bahn eines Elektrons in der Nebelkammer mit dem mathematischen Formalismus der Quanten- oder Wellenmechanik in Einklang gebracht werden könnte. Die Bahn des Elektrons in der Nebelkammer gab es, man konnte sie beobachten. Das mathematische Schema der Quantenmechanik gab es auch."[10] Doch erst als Heisenberg sich darauf besann, was Einstein gesagt hatte: „Erst die Theorie entscheidet darüber, was man beobachten kann."[11], fand er den Zusammenhang. Die Zusammenhänge, die später als die „Unbestimmtheitsrelationen der Quantenmechanik bezeichnet worden sind"[12].

Liegt es auch daran, dass die Fragestellung meist mit einem oder gestellt wird, so z.B. Licht: Welle oder Korpuskel? Glaube oder wissenschaftliche Erkenntnis?, Schöpfung oder Urknall? Gegner und Befürworter argumentieren aus jeweils eigener Sichtweise und mit guten Argumenten. Am Ende hat man erkannt, Welle und Korpuskel sind nicht zwei, sie sind etwas Drittes, sie sind Licht. Wäre Licht nur Welle, wäre es

---

[10] (Heisenberg, Der Teil und das Ganze, 1976), S-96
[11] ebd, S. 97
[12] ebd, S. 97

nicht Licht. Wäre Licht nur Korpuskel wäre es nicht Licht. Ist es nicht vielmehr so, dass die Polarisierung die Spaltung bewirkt? Nord- und Südpol sind nicht zwei, nicht trennbar. Sind die Suche nach der Wahrheit, zum Beispiel dem einzig richtigen Glauben, und die Forschung nach der einzigen Weltformel, die die Allgemeine Relativitätstheorie mit der Quantentheorie vereinigt und somit alles erklärt, vielleicht die falsche Fragestellung bzw. Suche? Reicht es vielleicht, dieses kleine Wörtchen oder durch ein und zu ersetzen? Körper und Geist, Welle und Korpuskel, Raum und Zeit, Sein und Nichtsein, Körper und Psyche, Natur und Ich, Glaube und Wissenschaft, Relativitätstheorie und Quantentheorie?

Ein kleines Fenster zur Physik

Hier muss ich einen tiefer gehenden Ausflug in die Physik unternehmen. Warum gerade in die Physik, die ja doch keiner versteht! Aber was sagte Niemz? „Die Naturwissenschaft halte ich für eine Abkürzung zu Gott, weil sie sich mit der Logik einer nüchternen, aber äußerst präzisen Sprache bedient. Indem sie auf alle ausschmückenden Details verzichtet, kann das Wesentliche deutlicher hervortreten. Gott wirkt in uns und nicht im prunkvollen Glanze mancher Kathedralen oder Moscheen."[13] Interessant, dass ein Physiker und ein ehemaliger Mönch, Paul Imhof, zu demselben Ergebnis kommen: Ablehnung von „prunkvollem Glanz" und „Vergegenständlichung." Die Frage bleibt nur: ist Physik eine Abkürzung zu Gott? Schon in der Schulphysik erfahren wir, dass je kürzer der Weg, desto größer die Kraft sein muss, um Arbeit zu verrichten. Und Arbeit muss verrichtet werden, um zu Gott zu kommen, auf welche Art und Weise auch immer. Als ich zum ersten Mal versuchte, den Welle/Teilchen-Dualismus zu verstehen, geschah dies auf rein wissenschaftlichem Weg.

---

[13] (Niemz M. , 2015)

16

Licht ist ein Energieträger; dieser Transport kann auf zwei Weisen erfolgen:

Die Energie bewegt sich mit einem Körper fort, z.B. strömendes Wasser oder ein geworfener Stein.

Der Energietransport erfolgt ohne Materietransport durch Wellen, z.B. Wasserwelle, Schallwelle.

Der Hauptvertreter der ersten Theorie war Newton (1643 -1727). Er stellte sich vor, dass von jeder Lichtquelle kleine Lichtteilchen (Korpuskeln) geradlinig fortgeschleudert werden und im Auge Lichtempfindung hervorrufen. Huygens (1629-1695) dagegen nahm an, dass von einer Lichtquelle Impulse ausgehen, die sich dann von Teilchen zu Teilchen fortpflanzen. Aus diesem Ansatz entwickelte Fresnel (1788-1827) die Wellentheorie des Lichts und die sich daraus abgeleitete Interferenz von Lichtwellen. Erst 1802 wies Thomas Young den Wellencharakter des Lichts anhand des Doppelspaltexperiments nach; Licht kann sich durch Interferenz auslöschen, für Teilchenstrahlen ist dies undenkbar.

Aber wie sind Wellen- und Teilchenvorstellung vereinbar? Welche Vorstellung ist „richtig"? Anfang des 20. Jahrhunderts verbreitete sich die Vorstellung eines sogenannten Dualismus der klassischen Modelle von Welle und Korpuskel. Sommerfeld kam zu dem Ergebnis, dass in allen Fragen der Interferenz und Beugung Licht als Welle anzusehen ist, andererseits in Fragen der Erzeugung man aber von Licht mit Korpuskelcharakter ausgehen muss. Die Erkenntnis daraus: Will man Quantenphänomene mit anschaulichen Bildern der klassischen Mechanik darstellen, so lassen diese Quantenobjekte dies nicht zu. „Was ist Licht?" Albert Einstein war sich im Klaren darüber, dass er sein Leben lang über diese Frage nachdenken würde; auch nach fünfzig Jahren hatte er die Antwort noch nicht gefunden. Niels Bohr wird der Ausspruch zugeschrieben: „Wenn mir Einstein ein Radiotelegramm schickt, er habe die Teilchenstruktur des Lichtes nun endgültig bewiesen, so kommt das Telegramm nur an, weil das Licht eine Welle ist."[14]

Der amerikanische Nobelpreisträger Richard Feynman antwortete auf dieselbe Frage „Keines von Beiden, etwas Drittes!" Dieses „Dritte" entwickelte sich zu einem theoretischen Konzept einer ganz neuen Physik, der Quantenphysik, einer Physik, die über die Vorgänge im Mikrokosmos Aussagen macht. Wesentliches Merkmal dieser Quantenphysik ist der Begriff der Wahrscheinlichkeit, nicht als Ausdruck einer subjektiven Erkenntnis, sondern als Maß für eine objektiv messbare Unbestimmtheit. Interessant ist, was Heisenberg dazu schreibt, als er versucht eine Erklärung dafür zu finden, „wie etwa die Bahn eines Elektrons in der Nebelkammer mit dem mathematischen Formalismus der Quanten- und Wellenmechanik in Einklang gebracht werden könnte. ...Die Bahn des Elektrons in der Nebelkammer gab es, man konnte sie beobachten."[15] Schrödinger war es 1926 mit der sog. Schrödinger-Gleichung gelungen

---

[14] http://www.oberstufenphysik.de/quantensprueche.html
[15] (Heisenberg, Der Teil und das Ganze, 1976). S.96

nachzuweisen, „dass seine Wellenmechanik mathematisch der Quantenmechanik äquivalent war", dass es sich also um zwei verschiedene mathematische Formulierungen des gleichen Sachverhalts handelte.[16] „Es mag an jenem Abend gegen Mitternacht gewesen sein, als ich mich plötzlich auf mein Gespräch mit Einstein besann und mich an seine Äußerung erinnerte: >Erst die Theorie entscheidet darüber, was man beobachten kann<"[17] Für ein Elektron kann man z.B. nicht den Ort vorhersagen, an dem man es zu einem bestimmten Zeitpunkt antreffen kann; man kann nur eine bestimmte Wahrscheinlichkeit dafür angeben. Eben solches gilt für die Messung des Impulses. In der Quantenmechanik gibt es folglich nur Wahrscheinlichkeitsaussagen. „Die Schwierigkeiten begannen aber bei der physikalischen Interpretation des mathematischen Schemas."[18]

Bohrs Bestrebungen gingen dahin, die beiden anschaulichen Vorstellungen, Teilchenbild und Wellenbild, gleichberechtigt nebeneinander stehen zu lassen, wobei er zu formulieren suchte, dass diese Vorstellungen sich zwar gegenseitig ausschlössen, dass aber doch beide erst zusammen eine vollständige Beschreibung des atomaren Geschehens ermöglichten."[19] Mit dem Begriff der Komplementarität drückte er aus, dass man ein und dasselbe Geschehen mit zwei verschiedenen Betrachtungsweisen

---

[16] ebd. S. 89
[17] ebd. S. 97
[18] (Heisenberg, Der Teil und das Ganze, 1976), S.89
[19] (Heisenberg, Der Teil und das Ganze, 1976) S.95

erfassen kann. Beide Betrachtungsweisen schließen sich einerseits aus, ergänzen sich jedoch andererseits. Auf der legendären Solvaykonferenz in Brüssel (1927) stritten die beiden Physiker Bohr und Einstein über diese neue „Quantenphysik", die sich nicht mit den Gesetzen der klassischen Physik erklären ließe. Diese Zufallswelt, ein Quantenteilchen einmal als Welle und dann wiederum als Korpuskel aufzufassen, quittierte Einstein mit dem Ausspruch „Gott würfelt nicht". Da es sich um reine Gedankenexperimente handelte, konnten weder die eine noch die andere Behauptung experimentell nachgewiesen werden.

An der Universität Konstanz realisierte man 1982 ein Doppelspaltexperiment, bei dem Helium-Atome als Ganzes zur Interferenz gebracht wurden. Diese Heliumatome wurden vor dem Doppelspalt durch Elektronenstoß in einen angeregten Zustand gebracht. Dahinter trafen sie auf eine Goldfolie, die als Detektorschirm diente. Hier gaben sie ihre Energie ab und wurden elektronisch registriert. Dieses Experiment dauerte insgesamt 42 Stunden; trotz der hohen Zahl der Atome konnte jedes Atom einzeln registriert werden. Bei dieser Registrierung gibt das Helium-Atom seine Energie in einem räumlich fest umrissenen Bereich auf der Goldfolie ab. Steigt die Anzahl der registrierten Atome, bildet sich aus den nachgewiesenen Atomen langsam ein Muster heraus, das die gleiche Struktur wie das Interferenzmuster hat, das man beim Doppelspaltexperiment mit Licht erhält. Heliumatome können also durch eine Wellenfunktion $\varphi(x)$ interpretiert werden und als teilchenhaft angesehen werden, weil sie ihre Energie in einem genau lokalisierten Punkt auf dem Schirm abgeben. Als ich mit Ursula Kessel über dieses Thema sprach, wagte sie eine interessante Hypothese, indem sie sich die Frage stellte, ob das die Zeitpunkte seien, die die „Landkarte einer Gegenwart" zeichnen?

Eine noch viel interessantere Frage war, durch welchen der beiden Spalte das Teilchen geflogen war? Will man den Weg des Teilchens durch den Doppelspalt bestimmen, so hat man das Problem, dass jeder Versuch das Interferenzmuster zerstört. Inzwischen ist es möglich, die beiden Spalte so klein zu gestalten, dass sich winzige Impulsänderungen (verursacht durch die Moleküle) messen lassen. Man verwendet hierzu Wasserstoff-Deuterium-Moleküle, die wie ein Doppelspalt funktionieren. Diese werden mit Helium-Atomen beschossen; es zeigt sich das übliche Interferenzmuster. Mit Hilfe der Impulsmessung zeigt sich die gesuchte Weginformation, jedoch ist dann das Interferenzmuster nicht mehr zu erkennen. Diese Experimente wurden am SOLEIL-Synchrotron in der Nähe von Paris durch eine Physikergruppe um Catalin Miron durchgeführt und bestätigen, dass „das Teilchen beide Spalte durchquert – solange man nicht hinschaut."[20]

Eigentlich ist dieser Sachverhalt, übertragen auf unser klassisch mechanistisch ausgerichtetes Weltbild, nicht zu verstehen. Fahre ich als Skifahrer einen Hang hinunter und stellt sich mir ein Baum in den Weg, so würde das bedeuten, dass ich gleichzeitig rechts und links an diesem Baum vorbeifahre.

---

[20] (Bild der Wissenschaft 6-2015) S. 41.

Die Darstellung dieser quantenmechanischen Vorgänge bewirkt unwillkürlich ein Eintauchen in das mechanistische Weltbild. Man versucht einen Sachverhalt rational und physikalisch fundiert darzustellen und entfernt sich dabei immer weiter von der Art und Weise quantenmechanisch zu „denken". Und dennoch: Mit Denken und Verstehen ist der Tatsache, dass ein Quantenteilchen gleichzeitig Welle und Korpuskel ist, nach meinen Erfahrungen nicht beizukommen. Noch weniger kann man „verstehen", dass ein Teilchen gleichzeitig durch zwei Spalte fliegt. Wir sind durch und durch geprägt, Dinge oder Sachverhalte durch Bilder oder Worte zu veranschaulichen. So spricht man auch von Wellenbild oder Teilchenbild. Man kann Licht als Welle und ein Atom als Quantenobjekt sehen; für eine wissenschaftliche Forschung ist dies sogar unerlässlich: Die Unterscheidung ist jedoch nicht von der Natur vorgenommen worden, sondern von den auf diesem Gebiet forschenden Physikern bzw. Chemikern. Es ist nicht die Natur selbst, es ist immer nur ein Modell, das die Wirklichkeit annähernd beschreibt. Aber ist die Wirklichkeit das, was wir für die uns umgebende Natur halten? Auf diesen Modellen kann man meiner Meinung nach keine Philosophie über das Sein aufbauen. Aneignung von Wissen hat einen großen Stellenwert. Wissenschaftler versuchen in physikalischen Instituten dem „Sein" und der Zusammensetzung der Natur auf die Spur zu kommen. String-Theorie, Higgs-Teilchen: zahlreiche andere Erkenntnisse sind die Folge. Mit Hilfe der Quantenelektrodynamik kann man die Elektronen, Positronen, Licht und ihre Wechselwirkung mathematisch beschreiben. Und doch ist die Natur ein Ganzes, in dem alles miteinander verbunden und voneinander abhängig ist.

Lese ich Berichte über neue Erkenntnisse in der Physik, Chemie und Biologie, so gelingt es diesen Wissenschaftlern offensichtlich immer mehr, die Vorgänge in der Molekularsphäre sichtbar zu machen. Mit dem neuen Stimulated Emission Depletion Mikroskop ist es möglich, molekulare Vorgänge in Echtzeit zu beobachten. Die Mikroskopie wurde zur Nanomikroskopie.

Doch die Weltformel und Gott verbergen sich hartnäckig!

Die quantenmechanische Erfassung der Vorgänge schafft man meiner Meinung nach, indem man in das „neue Land" aufbricht. Dieses neue Land ist erst einmal unbekannt, und es ist auch nicht sicher, ob man es überhaupt findet. Der Weg dorthin hält ziemlich viele Überraschungen bereit, ist aber auch mit Zweifeln und unbekannten Erfahrungen gepflastert. Mitstreiter findet man wenige. Doch nicht nur das; es stellen sich auch Erfahrungen ein, die man nie zuvor gemacht hat. Das „Neuland", das man bewohnen möchte, hat als erstes etwas mit Meditation zu tun. Meditation, werden Sie sagen, das ist doch nichts Neues! Doch diese Art der Meditation ist mir noch nirgendwo begegnet. Ich habe versucht mit der Zen-Meditation einen Zugang zu finden. Als Willigis Jäger berichtete, dass etwa 3% der Menschen, die diesen Weg, einschlagen erfolgreich sind, bekam ich meine ersten Zweifel. Dann saß ich bei einer Tasse Kaffee vor einem kleinen Café am Benediktushof; nicht weit entfernt ging eine

Gruppe in ziemlich schnellem Schritt im Kreis herum. Ich hörte, wie ein Kind, das mit seiner Oma ebenfalls auf der Terrasse saß, sie fragte: „Oma, was machen die da?" „Die gehen im Kreis und denken nichts!" war die Antwort – ich musste lachen. Die Oma hatte den Nagel auf den Kopf getroffen; in dem Augenblick war mir schlagartig klar, dass ich nicht nichts denken konnte! Nichts und Denken, so sagte ich mir, passt für mich irgendwie überhaupt nicht zusammen.

Welchen Weg der Meditation könnte denn dann für mich der Richtige sein? Wo fühle ich mich wohl? Wo und wann kann ich meine Gedanken lassen? Lassen heißt für mich, nicht ständig zu denken. Vielleicht nur sitzen und das Licht auf mich wirken lassen. Licht – der Träger der Information! Etwas, das ständig da ist und schon immer da war; das man nicht sehen kann, durch das aber alle Gegenstände erst sichtbar werden; das alle Informationen trägt, auch die, die noch nicht zugänglich sind. Ich kann Ihnen hier nicht beschreiben, wie man eine Lichtmeditation genau macht. Mein einziger Ratschlag ist, sich hinzusetzen auf ein lichtdurchströmtes Plätzchen und dieses Licht auf sich wirken zu lassen. „Es" stellt sich ein. Das Neue Land kommt im eigenen Körper an. Ja, „es" geht!! Ein Lichtquant fliegt durch beide Spalte.

Nichtlokalität

Für quantenmechanische Teilchen wie auch für Moleküle lassen sich keine exakten Orte angeben. Es gibt nur eine Wahrscheinlichkeit, ausgedrückt mit einer mathematischen Formel, mit der sich ein Teilchen an verschiedenen Orten im Raum befindet. Die quantenmechanische Wirklichkeit ist also eine Überlagerung vieler Zustände, sprich verschiedener Orte und Zeiten. Dieses Phänomen wurde vielfach in physikalischen Experimenten nachgewiesen. Die Frage ist, ob diese zwar experimentell nachgewiesenen Phänomene auch Teil unserer erlebten Realität sind. Die Frage lautet also auch: Ist vielleicht alles mit allem verbunden? Müssen wir uns parallele Universen nicht irgendwo im All vorstellen, sondern vielleicht direkt neben uns? Bei einer Lichtmeditation habe ich das Empfinden, die Struktur meines Seins zu verlassen und mich in den Bereich dieser anderen Welt, in eine Verschränkung, zu begeben.

An dieser Stelle möchte ich auf Studien von Zeilinger und Bell hinweisen, die diesen Quanteneffekt experimentell beweisen. Sie sind nicht einfach zu verstehen, letztendlich geht es um Entscheidungsfreiheit.

Verschränkung

Wie schon oben im Absatz zum Dualismus erwähnt, besitzen Teilchen keinen eindeutigen Zustand. Es gibt nur eine relative Wahrscheinlichkeit dafür, dass sie sich in dem einen oder anderen Zustand (Welle/Teilchen) befinden. Noch seltsamer ist es zu verstehen, dass zwei Teilchen miteinander wechselwirken. Sie sind miteinander verschränkt. Ihrer beider Wahrscheinlichkeiten sind nicht unabhängig voreinander. Sie sind Teile einer komplizierten Wahrscheinlichkeitsfunktion, die beide Teilchen gemeinsam beschreibt. In einer sogenannten Polarisation gibt es eine Wahrscheinlichkeit dafür, dass Photon A vertikal und Photon B horizontal polarisiert ist. Oder eben umgekehrt. Beide Photonen können kilometerweit voneinander entfernt sein, sie bleiben untrennbar miteinander verbunden.

Misst man z. B. eine vertikale Position bei Photon A, dann ist Photon B unabdingbar horizontal ausgerichtet, obwohl sein Zustand unmittelbar vorher noch nicht festgelegt war und zwischen den beiden kein Signal ausgetauscht werden konnte.

Einstein sprach von einer „spukhaften Fernwirkung". Erst Jahre später fand der nordirische Physiker John Bell eine Möglichkeit, diesen Effekt experimentell nachzuweisen. Heute weiß man, dass dieser Effekt auch auf der Molekularebene stattfindet.

Nichtlokalität und Verschränkung, für uns eine sehr schwer zu verstehende Realität: Teilchen, die sich gleichzeitig an mehreren Orten befinden oder über sehr weite

Entfernungen miteinander verbunden sind. Führt man Messungen an dem einen oder anderen Teilchen durch, so hat dies eine unmittelbare und ohne Zeitverzögerung stattfindende Auswirkung auf das andere Teilchen. Etwas, das schneller als mit Lichtgeschwindigkeit stattzufinden scheint.

Da stellt sich unweigerlich die Frage, ob quantenmechanische Phänomene Teil unserer Realität sind und ob ist vielleicht wirklich alles mit allem verbunden ist?

Christozentrische Aufstellung

In seinem Buch Systemische Kommunikation, Perspektiven christozentrischen Aufstellens beschreibt Paul Imhof einen Weg, wie ein individuelles Problem mit Hilfe einer Systemischen Aufstellung gelöst werden kann. Das Wesentliche dieser Aufstellungsarbeit ist, dass Repräsentanten eingesetzt werden, die die Person des Aufstellenden beziehungsweise und aller weiterer Beteiligten sozusagen stellvertretend übernehmen.

Hier stellt sich mir die Frage, ob die oben genannten Phänomene der Verschränkung in diesen christozentrischen Aufstellungen eine Rolle spielen.

Meine Motivation, an solch einer Aufstellung teilzunehmen, lag darin, dass ich in Bezug auf eine Beziehung nicht mehr klar erkennen konnte, was die „Wahrheit" in dieser Beziehung ist. Immer wieder stand ich vor dem Problem, dass mir die Argumente meines Partners durchaus einleuchteten, meine eigene Meinung aber häufig eine völlig andere war. Hinzu kam, dass ich oft das Gefühl hatte, neben mir zu stehen und mich mit den Augen einer Außenstehenden zu betrachten. Zwei Personen – das wollte ich nicht länger sein.

„Stellet euch auf" – auch ich wurde häufig von anderen als Stellvertreter gewählt. Nach einiger Zeit wurde mir deutlich, dass ich oftmals dann gewählt wurde, wenn es darum ging, eine Lösung zu finden, ich aber andererseits nicht in der Lage war, für meine eigene Problematik selbst eine Lösung zu finden.

Da stand ich nun, völlig leer, anders kann ich es nicht beschreiben. Die Worte, die ich sprach, kamen nicht durch Denken zustande. „Es sprach mich".

Nach fast zehn Jahren Aufstellungsarbeit und einer intensiven Beschäftigung mit der Quantenphysik kam ich auf den Gedanken, eine Dunkelaufstellung mit dem Thema Verschränkung zu machen. Paul Imhof und ich vereinbarten, das Licht während der Aufstellung so weit wie nur möglich zu dimmen, um den visuellen Kontakt der Personen weitgehend zu unterbinden.

Verschränkung: mechanisch gesehen kann sich jeder etwas darunter vorstellen. Quantenmechanisch ist damit jedoch gemeint, dass es Teilchen gibt, die sich an mehreren Orten gleichzeitig befinden und über weite Entfernungen miteinander verbunden sind. Dieses Phänomen bezeichnet man als Nichtlokalität und Verschränkung. Nochmal etwas anschaulicher: zwei Teilchen, die ehemals eins waren, sind auch bei einer räumlichen Trennung von mehreren Kilometern noch miteinander verbunden. Nimmt man eine Messung an dem einen vor, so wirkt sich diese Messung unmittelbar und ohne Zeitverzögerung auf den Zustand des anderen Teilchens aus. Betont werden muss hier: ohne Zeitverzögerung. Folglich kann ein Austausch, selbst mit Lichtgeschwindigkeit, nicht Ursache der Änderung des Zustandes des anderen Teilchens sein.

Genau diese Verschränkung wollte ich aufstellen. Der Grund dafür war, dass es mir in allen Aufstellungen ein Rätsel war, wie Stellvertreter und Original in einer intensiven Weise voneinander wissen können. Gab es da eine Verschränkung?

Die Aufstellung begann. Ich erläuterte kurz mein Thema. Interessanterweise sagte ich, dass es mir um das Thema Wollen ginge. Wenn man etwas will, bekommt man es nicht, wenn man aber manchmal nicht so viel Wert auf das Wollen legt, dann bekommt man es. Ich hatte noch keine fünf Sätze gesagt und schon begann die Diskussion im Außenkreis, eher unüblich für eine Aufstellung. Ärger machte sich bei mir breit. „Ja, so ist es immer. Man redet immer nur auf der Ebene des mechanistischen Weltbildes weiter." Ein anderer: „Etwas nicht wollen, ist doch auch ein Wollen!" Stille, Pause.

Plötzlich Themawechsel „Und dann ist da noch die Schuld, dass mein Vater meine Mutter geheiratet hat, weil sie mit mir schwanger war, und ich so mein ganzes Leben schuldig war." Ich sage dies ohne Emotionen – für mich ein Fortschritt. Das Leiden tritt in den Hintergrund. Etwas Wut oder Sich wehren gegen diese Schuld tritt in den Vordergrund. Ich sage noch, dass ich mich manchmal sofort schuldig fühle, auch für die Vergehen anderer. Paul Imhof fordert mich auf, mich in die Mitte zu stellen und mir die Verschränkung zu wählen. Ich wähle Peter. Wir fassen uns an den Händen und verschränken uns, mit den Armen, über Kopf, mit den Beinen. Das geht eine ganze Weile so. Es fühlt sich nicht richtig an. Ich breche ab. Paul sagt, „Such dir mal einen Stellvertreter oder eine Stellvertreterin. Am besten, du nimmst jemanden, der völlig neu ist". Im selben Augenblick, als er noch am Sprechen war, wusste ich, wer es sein würde. Genau diejenige, die ich in diesem Kreis noch nicht kannte. Ich stellte sie in die Mitte und setzte mich. Paul sagte nichts, sie stand minutenlang. Ich fragte mich, wie sie das aushalten kann – allein in der Mitte. „Ich kann das, was ich sagen will, nicht in Worte fassen, werde immer falsch eingeschätzt, fühle mehr, als ich sage." Es hätten meine Worte sein können und waren doch die ihren. „Stehe in der Mitte des Kosmos." Sie dreht sich und dreht sich um sich selbst. Der Verstand / das Denken kommt hinzu: ein weiterer, sich selbst in die Mitte begebender Stellvertreter. Er läuft um sie herum. Die Stellvertreterin sagt: „Ich denke, denke, denke." Das darf doch nicht wahr sein, genauso ergeht es mir, sie, die beiden Stellvertreter, können das nicht wissen. Paul, da alles dunkel ist, nimmt seinen Nachbarn an der Hand und stellt ihn neben meine Stellvertreterin. „Du bist die Intuition". Der „Verstand" kreist um meine Stellvertreterin ebenso die Intuition. Meine Stellvertreterin sagt, sie fühlt sich wohl, fühlt sich im Kosmos. (Paul erklärt Kosmos, die schöne Ordnung). Ich bin nicht berührt als Teil des Kosmos und denke, ja, so ist es. Irgendjemand geht selbstständig ist die Mitte und legt sich zu Füßen meiner Stellvertreterin. Dies ist nicht relevant für mich, ich denke nur immer, wir sind in der Vergangenheit. Meine Nachbarin zur Rechten sagt etwas zu ihrer Gefühlslage auf ihrer linken Seite, der Herzseite – sie hat den ganzen Abend noch kein Wort gesprochen. Starke Gefühle - haben aber nichts mit mir zu tun. Denke nur, du sitzt ja auch neben mir.

Meine Stellvertreterin fängt an zu laufen. Paul: „Jetzt ist die Zeit von Olympia dran." Plötzlich stehe ich auf und gehe in die Mitte, laufe aber nicht mit. Ich gehe langsam, dann gehen wir beide zusammen. Einer im Außenkreis fängt an zu trommeln, ich liebe diesen Rhythmus, gehe noch ein paar Runden mit meiner Stellvertreterin und bleibe dann vor dem Trommler stehen. Er sitzt. Ich beginne auf seinen Knien einen kleinen Rhythmus zu trommeln. Jemand im Außenkreis nimmt ebenfalls den Rhythmus auf. Zum Trommler sage ich: „Du bist mein Ursprung". Er steht auf und wir gehen vorsichtig um die, die in der Mitte stehen, herum. Wer dies ist, weiß ich nicht. Aber die Intuition ist dabei. Zu Anfang unseres Gehens stoße ich mit jemandem leicht zusammen, befühle sie oder ihn, lasse aber davon ab, weil mir mein Trommler wichtiger ist. Wir gehen ein paar Runden. Mein linker Arm berührt die Intuition, links, wo das Herz ist. Er sagt zu mir: „Unsere Herzen berühren sich." Und mir ist, als bekäme ich die Kraft seines Herzens. Mir ist gar nicht aufgefallen, dass wir uns mit unseren Herzen berühren. Zum Trommler sage ich: „Du riechst gut." Ich zwischen zwei Männern, fühle, dass beide sehr sehr kraftvoll auf mich wirken. Habe den Impuls zurückzutreten, um allein zu stehen. Merke aber, dass das nicht notwendig ist. Ich brauche beide nicht, ich bin beide, sie gehören zu mir. Ursprung und Intuition sind meine Wesen.

Es war das Schlussbild. Nach der Aufstellung blieben viele tief in Gedanken sitzen.

Interessant ist, dass die Verschränkung sich während der ganzen Aufstellung im Hintergrund gehalten hat. Mir kommt im Nachhinein in den Sinn, dass sich meine Stellvertreterin zu Beginn der Aufstellung in Richtung ihres freigewordenen Platzes gestellt hat. Paul Imhof hat dies als leeren Ort bezeichnet, für mich war es das Nichts. Anschließend hat sich Peter, der vorher die Verschränkung war, auf den Platz gesetzt. Genau das ist es, im Nichts existiert die Verschränkung. Als Peter da saß, hat sich meine Stellvertreterin (Paul bezeichnet diese Stellvertreterin auch als Seele) so gedreht, dass sie mit mir und der Verschränkung ein Dreieck bildete. Meine Seele und ich waren verbunden durch die Verschränkung.

Aus dieser Aufstellung ergibt sich die Frage nach der Wirklichkeit. Dazu muss ich erklären, was den Unterschied zwischen Realität und Wirklichkeit für mich ausmacht. Realität ist für mich mein direktes Umfeld, die mich umgebende Welt, der tägliche Alltag, beobachtbar, gekennzeichnet hauptsächlich durch die Gesetzte der Mechanik. Die Quantentheoretische Wirklichkeit ist für mich die Welt der Potentialität, das, was möglich sein könnte. Auf diese Welt habe ich keinen Einfluss. Oder muss man formulieren, dass der Transport der quantentheoretischen Wirklichkeit (also die Potentialität) in den Alltag das Wesen des Menschseins ausmacht?

Auch wurde deutlich, dass Verschränkung offensichtlich im quantenphysikalischen Sinn ein Wissen vermittelt, das nicht durch Worte erworben wird.

Später denke ich nochmals über meine Stellvertreterin nach. „Das bin ich ja" dachte ich, als sie den Raum betrat und ich sie zum ersten Mal sah. Ich habe mit ihr geredet, als die Aufstellung zu Ende war. Ich sagte: „Du bist ich vor vielen Jahren." Ich wollte ihr Hoffnung machen. Sie fragte: „Bist du auch allein?" Ich fing an, ihr meine Geschichte zu erzählen. Trennung von meinem Mann und die Tatsache, dass ich jetzt allein lebe. Plötzlich brach sie zusammen.

Erstaunlich: Im Kosmos fühlte sie sich wohl. In der vom Mechanismus geprägten Welt, ihrer Alltagswelt, bricht sie zusammen. Der Kosmos ist ewig. Unsere „Reale Welt" kann von einem auf den anderen Moment zusammenbrechen.

Worte an Paul Imhof

Du sagst manchmal zu jemandem, der in der Aufstellung ist: „Ich habe das gefühlt", wenn du seine Gemütslage erfasst. Ich denke, man muss da nochmals eine Trennung vollziehen. Fühlen ist das, was fast alle in einer Aufstellung erfahren: Wärme, Schmerzen, Herzrasen, das Schwerwerden der Gliedmaßen. Du erfährst etwas Materieloses, du fühlst das, was du fühlst nicht als Körperlichkeit. Es passiert auf der Geistesebene. Ist es dann noch ein Fühlen oder ist es Geist?

Freiheit

Ganz deutlich war mir, dass Ursprung und Intuition meins sind. Mein Verstand wollte mich zum Schluss allein stehen lassen. Doch der Geist gab mir die Intuition, dass es OK ist, dass wir drei, Intuition, Ursprung und ich zusammenstehen, und zwar so, dass wir uns berühren. Herz an Herz mit der Intuition und meine Hand auf der Schulter des Ursprungs.

Freiheit, Freiheit, Freiheit ist für mich ein Attribut des mechanistischen Weltbildes. Wir streben sie an, versuchen sie zu bauen. Aber sie bricht, und das ist ihr Wesen, immer wieder zusammen. Wir stoßen an unsere Grenzen. Über der quantenphysikalischen Freiheit liegt das Band der Bindung an den Ursprung und an die Intuition, an Gott.

Ist nicht vielleicht auch durch Intuition Materie entstanden, quasi aus dem Nichts? Haben sich nicht auch kleinste Teilchen, Moleküle, Elemente, der Kosmos, spontan und ohne erkennbaren Ursache–Wirkung–Mechanismus gebildet? Ist es nicht so, dass wir alle aus demselben Ursprung, derselben Quelle entstanden sind? Bei immer kleiner werdender Materie steht man irgendwann vor dem Nichts. Nur die Verschränkung ist es, die Verbindung zu dieser Quelle hat. Was ist es, das uns wissen lässt, wie wir in diesem Augenblick handeln sollen?

In einer normalen Aufstellung hast du das Mandat, bist du der „Macher". In dieser Situation gibt es natürlich eine Freiheit. Du bestimmst, und ich denke, auf Grund deiner Intuition, was oder wen der Aufstellende aufstellt: die Liebe, die Kirche, die Macht, den Trieb, den Vater, die Mutter, die Verschränkung – du initiierst. Doch was dann passiert, geschieht auf einer anderen Ebene, und die Verschränkung zwischen den Personen geschieht direkt. Der Verstand tritt in den Hintergrund und mit ihm die Freiheit zu entscheiden, was passiert. Ich möchte sogar behaupten, dass alle unsere Sinne, Hören, Sehen, Fühlen, in den Hintergrund treten, aber nicht außer Kraft gesetzt sind, ebenso wie Raum und Zeit. Nur die Verschränkung mit einer anderen Welt ist das wirklich Reale. Die Personen, die in einer Aufstellung stehen, sind völlig andere, als sie in Wirklichkeit sind. Da stellt sich unwillkürlich die Frage, was ist die Wirklichkeit ist. Und trotzdem hat jeder jeden Augenblick die Freiheit, die Aufstellung abzubrechen. Jedoch geschieht dies im mechanistischen Weltbild, der Verstand übernimmt. *Lasse ich jedoch eine Ausweitung in die quantenmechanische Welt zu*, dann entscheide nicht mehr ich – es handelt (durch) mich. Auch die Aufforderung von Stefanie, man solle nicht versuchen therapeutisch zu wirken, indem man nach der Aufstellung aus der eigenen Erfahrung handelt und versucht Einfluss, zu nehmen ist natürlich sinnvoll. Doch sind erst einmal die Türen zu dieser anderen Welt geöffnet, bricht oft das vernunftgesteuerte Weltbild, die Realität des Alltags, zusammen.

Sind also christozentrische Aufstellungen im Grunde eine quantenmechanische Verbindung mit einer anderen Welt? Fallen hier die beiden Weltbilder zusammen, da die fünf Sinne nicht ausgeschaltet sind, sondern gleichzeitig mit der Verschränkung wirken?

Die Liebe

Den Weg der Liebe zu beschreiben bedeutet, etwas von sich preiszugeben.

Zögern. Die richtigen Worte – und es ist schon so lange her, aber mit jeder Faser des Körpers immer noch spürbar.

Der Anlass war ein trauriger. Der Tod meiner Mutter war nahe. Mehrere Wochen schon war der Wechsel zwischen Krankenhausaufenthalt und häuslicher Pflege in meinen Alltag eingezogen. Man hatte sie schon in ein Einzelzimmer verlegt. Spätnachmittag im April. Sprechen konnte sie kaum noch. Mit der erhobenen Hand, deren Finger sich bewegten, fragte sie: Regnet es? „Nein Mutter, die Sonne verschwindet langsam." Lange Pause. Ich begann ihre Füße zu waschen, behutsam; sie fühlten sich kalt an. Ich setzte mich neben sie. „Ach mein gutes Kind." Psalm 23, „Der Herr ist mein Hirte, mir wird nichts mangeln, er weidet mich auf einer grünen Aue…"

Stille.

„Vater unser, der du bist im Himmel,

geheiligt werde dein Name,

dein Wille geschehe,

wie im Himmel so auf Erden.

Unser tägliches Brot gib uns heute.

Und vergib uns unsere Schuld,

wie auch wir vergeben unsern Schuldigern.

Und führe uns nicht in Versuchung,

sondern erlöse uns von dem Bösen.

Denn dein ist das Reich und die Kraft und die Herrlichkeit in Ewigkeit."

Sie sang laut und wunderschön mit ihrer klaren Stimme: Amen, Amen, Amen.

Stille

Ich stimmte das Lied an:

Geh aus mein Herz und suche Freud, in dieser schönen Sommerszeit.

Stille

Weißt du wie viel Sternlein stehen, an dem blauen Himmelszelt?

Die Lieder meiner Kindheit; Mutter und ich.

„Er ist da!" Ein verschmitztes Lächeln auf ihrem Gesicht, so als wolle sie ihm noch ein Schnippchen schlagen.

„Ja, Vater holt dich – und ich bringe dich." Sie lächelte immer noch. „Schön!"

Stille.

„Es ist so viel Licht, so hell".

Ich saß fest in dieser Welt.

Sie lag mit ihrem Körper in dem Krankenhausbett in dieser Welt.

Ihr Geist jedoch blickte hinüber in die andere Welt.

Und ihre Seele?

Im Moment des Todes, wird dann das körperliche Sein zum Seyn der Transzendenz?

Das Materielle entfällt und der Geist geht über in die Quantenontologie, in der die Potentialität ist.

Transzendent, nicht mehr messbar, und nicht willentlich zugänglich.

Die Tür öffnete sich und ein Pfleger gab ihr eine Spritze. Es dauerte sehr lange, bis das Schlafmittel wirkte. Sie atmete schwer; das Gesicht sehr angespannt. Meine Tränen flossen. Das darauffolgende Wochenende war, als ob alles stehen blieb. Alles erinnerte mich an die Nacht vor Jesus Tod. Es war keine Sonne, das Frühjahr stand still.

Am Tag der Beerdigung kam Wind auf, ein regelrechter Sturm. Am Abend auf dem Balkon – die Nacht sternenklar – ein Stern funkelte wie nie zuvor.

Ihre Seele war bei mir: $E = mc^2$ - Liebe

Seitdem ist mein Leben anders.

Renate Schinze, im Januar 2019

Renate Schinze, geb 1950, OSTR i.R. Studium der Physik, Pädagogik, Sport in Gießen, Köln und als Stipendiatin der Sporthochschule Köln in Cortland USA. Mitbegründerin des Skiinternats Willingen. 1986 Initiatorin und Bundestrainerin des Damenbiathlon in Deutschland. Ihre Athletinnen gewannen mehrere Medaillen bei Weltmeisterschaften und Olympischen Spielen. Intensive Auseinandersetzung mit dem Einfluss der Quantenphysik im Alltag.

Literaturverzeichnis

Bild der Wissenschaft 6-2015 . (kein Datum).

Die Bibel. (kein Datum).

Heisenberg, W. (1976). *Der Teil und das Ganze.* München: DTV – Verlag .

Heisenberg, W. (2011). Physik und Philosophie.

Imhof, P. (2014). *Das ewige Evangelium.* Taufkirchen: Via Verbis Verlag.

Koran. (kein Datum).

Niemz, M. (2015). *Sich selbst verlieren und alles gewinnen.* Freiburg im Breisgau: Kreuz Verlag.

Niemz, M. H. (2008). *Lucy mit C.* Norderstedt: BoD - Books on Demand.

Für Ihre Notizen

_____

_____

_____

_____

_____

_____

_____

_____

_____

Für Ihre Notizen

_____

_____

_____

_____

_____

_____

_____

_____